MAGASIN THÈATRAL.

PARIS. — Imprimerie de V* DONDEY-DUPRÉ, rue Saint-Louis, N° 46, au Marais.

MAGASIN THÉATRAL,

CHOIX DE PIÈCES NOUVELLES

JOUÉES SUR TOUS LES THÉATRES DE PARIS.

TOME SEIZIÈME.

PARIS.

MARCHANT, LIBRAIRE-ÉDITEUR,

BOULEVART SAINT-MARTIN, N° 12.

1837.

L'ANNÉE SUR LA SELLETTE,

REVUE EN UN ACTE, MÊLÉE DE COUPLETS,

Par MM. Bayard et de Courcy,

Représentée pour la première fois, à Paris, sur le théâtre du Palais-Royal, le 1er Janvier 1837.

PERSONNAGES.	ACTEURS.	PERSONNAGES.	ACTEURS
1836 et 1837	Mlle Willemen.	LE POSTILLON DE LONJU-	
LA GAZETTE DES TRIBUNAUX	Mlle Augustine.	MEAU	Mlle Déjazet.
FEUILLETON, président du tri-		UN HUISSIER	M. Malherbes.
bunal	M. Sainville.	LORD CRI-CRI	M. Lemercier.
M. VICTIMÉ	M. Alcide-Tousez.	LORD HANNETON	M. Bruno.
LE CHEVALIER BAYARD, statue		DÉCEMBRE, personnage muet.	M. Remy.
du pont de la Concorde	M. Leménil.	CŒURS DE FEMMES.	
UN ESPRIT DE FEMME	Mme Leménil.	ESPRITS DE FEMMES.	
M.CAPITAL DE SAINT-GÉRANT	M. Achard.	JUGES, AVOCATS, GENDARMES.	
MILORD CERF-VOLANT	M. Levassor.		

La scène se passe au Palais-de-Justice.

Le théâtre représente la salle d'audience. A droite du spectateur, l'entrée du tribunal. A gauche, l'entrée de la salle des témoins.

SCÈNE PREMIÈRE.

FEUILLETON, LA GAZETTE.

LA GAZETTE, *entrant d'un côté.* Eh! c'est monsieur Feuilleton, président de la police correctionnelle aujourd'hui!

FEUILLETON, *entrant de l'autre.* Eh! c'est madame la Gazette des tribunaux!

LA GAZETTE. Comme vous voyez... femme du monde et du palais de justice, j'ai mes entrées partout... et je viens assister au procès de 1836, pour en amuser mes jolies lectrices.

FEUILLETON. Elles aimeraient peut-être mieux autre chose... quelque infortune conjugale... ça fait rire ces dames.

LA GAZETTE. Et puis, c'est d'un bon exemple.. ça en amène d'autres... mais, ce matin, je laisse reposer les vagabondages, les carreaux cassés, les adultères, les gros mots, les séparations de corps, les coups de poing et autres causes célèbres et morales... pour rendre compte de ce jugement de 1836, qui sera bien pour elle le jugement dernier... il vous donnera de la peine au moins.

FEUILLETON. A moi? Du tout; je suis l'aîné de la famille des Feuilletons, grand format à quarante francs, et je sais la manière d'expédier des procès de ce genre, après les avoir entendus.

LA GAZETTE, *souriant.* Et quelquefois sans les entendre.

FEUILLETON. Dam! il faut de la persévérance, du courage, et j'en ai, je m'en vante.

          AIR *de Turenne.*

Jadis par plus d'une victoire
Nous marquions de nobles travaux;
Maintenant toute notre gloire
Se concentre dans les journaux,
Les écrivains sont les héros!
Sur nos fronts pleuvent les couronnes,
Le journalisme a ses hauts faits;
Et l'on est fier d'être Français
Quand on regarde nos colonnes!

     (*Éclats de rire dans la coulisse.*)

LA GAZETTE. Eh! mais écoutez donc...

SCÈNE II.

LES MÊMES, VICTIMÉ, *entrant par la droite.*

(Il est crotté jusqu'à l'échine; son chapeau est défoncé; il a un parapluie en lambeaux, et l'œil un peu poché.)

LA GAZETTE *et* **FEUILLETON.** Ah! mon Dieu! quelle figure!

VICTIMÉ, *se retournant vers le fond.* Oui, riez, riez! badauds et badaudes... c'est une chose bien risible qu'un citoyen crotté de part en part, et déchiré jusqu'au milieu du dos!.. Athéniens que vous êtes!.. Allez, linottes d'Athéniens! je me serais démis l'épaule droite, qu'ils riraient encore plus fort... peuple volage et barbare!

LA GAZETTE. Ah! mon Dieu! monsieur, comme vous voilà fait!

VICTIMÉ. Fait au même, comme cela m'arrive régulièrement huit fois par semaine, et trente fois par mois... quelquefois même trente et une. (*Montrant les éclaboussures dont il est couvert.*) Vous voyez les résultats de l'alignement, de l'élargissement et de l'assainissement des rues, pendant le cours de 1836. On les arrange si bien, les rues, qu'il n'y a plus moyen d'y passer. Je me ruine en blanchissages de bas de laine; et cependant, je les choisis toujours noirs... couleur du temps et du pavé.. Oh! que tu avais bien raison, M. Jean-Jacques! Paris, ville de boue et de fumée, surtout depuis l'invention des cigarres.

LA GAZETTE. Vous n'allez donc pas sur les trottoirs?

VICTIMÉ. Les trottoirs!.. je trotterai dessus quand ils seront faits... en attendant, il faut circuler au sein des Omnibus, des Lutéciennes, des Zéphirines et des Atalantes... qui vous écrasent... de leur supériorité, ou qui vous éclaboussent pour le moins... (*Tirant une brosse de sa poche, et se brossant.*) Ce que j'use de poils de sanglier, pour ma consommation de brosses, est au-dessus de tous les calculs humains, sans compter les trous de gaz hydrogène, où je me suis donné deux entorses... on ne voit que ça... des trous.

FEUILLETON. Ainsi, gare les chutes.

VICTIMÉ. Oh! scélérate d'année 1836! c'est elle qui est cause de tout cela... elle n'en a fini de rien... elle est restée là, les bras croisés, à voir passer les événemens.

     AIR : *J'ai vu partout dans mes voyages.*

L'année au présent millésime
M'a vraiment joué les cent tours;
Vous voyez en moi la victime
Des trois cent soixante et cinq jours.
Et comme il faut qu'on la punisse,
J'ai pris le quai des Morfondus,
Pour venir chercher la justice
A la salle des Pas perdus!

FEUILLETON. Comment! est-ce que vous seriez...?

VICTIMÉ. Victimé... c'est mon nom, et mon état.

LA GAZETTE. Vous êtes le plaignant?

VICTIMÉ. Oui, je me suis plaint, je me plains, et je me plaindrai toujours, et pourtant, elle avait bien commencé pour moi, l'hypocrite de 1836, je ne peux pas dire le contraire... Janvier, qui est encore le moins mauvais de la famille, m'avait rendu veuf, pour mes étrennes... jusque là, je ne me plains pas, et je lui passe même les engelures et les bonbons d'attrappe, en faveur du procédé; mais après ça, désillusion, désenchantement, guignons sur guignons, blagues sur blagues. M. Février a commencé par me faire attraper une bonne catarrhe, en sortant d'un bal d'artistes du Palais-Royal... espèce de méchant petit trou, où c'qu'on étouffe tous les soirs... à cause du monde... c'est bon, ça les arrange... je ne m'en fâche pas... au contraire, j'en suis flatté... mais Mars... Mars a eu la lâcheté de m'abîmer la figure avec ses giboulées... Et ce polisson d'Avril s'est permis de me faire avaler un poisson... oh! mais un poisson qui ne manquait pas d'arêtes, allez. Quant à M. Mai, avec son petit air doux, il m'a fait voir des étoiles en plein midi, grâce à son éclipse de soleil, pendant laquelle on m'a volé ma montre et mon foulard... voilà à quoi ça sert, les éclipses. Juin s'est entendu avec Saint-Médard pour faire couler mes vins et mes melons, jusqu'en septembre. Pour ce qui est du nommé Octobre, il n'y a pas de vinaigrier au monde capable de fabriquer quelque chose de meilleur... pour la salade. Le pâle Novembre se renferme dans sa profonde nullité; et voilà enfin M. Décembre, qui avant de faire la provision de glaces de Tortoni et du café de Foy, s'est amusé à inonder nos caves, et à jeter nos cheminées par terre... c'est du propre... et tout ça réuni forme une petite année bissextile, bien gentille, bien aimable et bien caressante.

FEUILLETON, *riant.* Ah! ah! ah! pauvre garçon!

VICTIMÉ. Et puis, vous ne savez donc pas, estimable Gazette, qui savez tout, que j'ai monté onze gardes hors de tour, en qualité de bizet, et que j'ai consumé quinze jours de mon existence à l'hôtel des haricots... toujours en qualité de bizet... à preuve, que je m'y suis trouvé avec Don Juan de Marana... il a fait aussi ses quinze jours... comme un simple particulier... et il s'ennuyait.

LA GAZETTE. Don Juan de Marana? il s'ennuyait? c'était la peine du talion!

FRUILLETON. Mais la douleur vous rend injuste... 1836 a du bon.

VICTIMÉ. Quoi donc?.. quoi donc?.. des monumens qui ne se finissent pas, un musée qui n'ouvre pas... des chemins de fer qui ne marchent pas... des députés qui ne parlent pas... des académiciens qui ne produisent pas... des vaudevillistes qui ne chantent pas... des romans qu'on ne lit pas... et du vin qu'on ne boit pas... voilà-t-il pas de quoi faire son embarras!.. Ah! ah! elle n'a qu'à bien se tenir, votre année 1836... je vais la charger d'importance; c'est pour ça que j'ai quitté ma Normandie, par le bateau à vapeur... encore une délicieuse invention!.. !douze jours sur la Seine, pour venir de Rouen!... on y va par terre en une nuit... et ils appellent ça du progrès...

(Bruit au dehors.)

FEUILLETON. Eh! mais... qu'est-ce que j'entends?

LA GAZETTE. Ah! quelle foule!

VICTIMÉ. Je crois bien... j'ai fait assigner quatorze cents témoins à charge.

FEUILLETON. Miséricorde!

LA GAZETTE. Pour peu que l'année 1836 en ait assigné autant...

FEUILLETON. Eh! tenez, la voilà... on l'amène à l'audience.

<hr>

SCENE III.

LES MÊMES, L'ANNÉE 1836 *conduite par deux gendarmes. (Elle est représentée par une jolie femme, avec moustaches, cigarre, et un bonnet de police.* **DÉCEMBRE,** *grand pâle, les yeux rouges et un gueux sous le bras.*

1836.
AIR: *J'arrose.*
Je fume (*ter*)
C'est mon plaisir et ma coutume,
Eh! morbleu! laissez-moi passer
Car l'an prochain va commencer.

LA GAZETTE. Elle fume, Dieu me pardonne!

1836. Ne faites pas attention... c'est une mode que j'ai perfectionnée... les promenades, les jardins, les rues, les passages, les cafés, les salons, les habits, je parfume tout; car je ne fume que des cigarettes... c'est comme de l'ambre... sentez plutôt...

(Elle envoie une bouffée de tabac à Victimé, qui se met à tousser et passe de l'autre côté.)

AIR *de Voltaire chez Ninon.*

A travers le nuage épais
Que laisse après moi mon cigarre,
On voit mes travaux, mes projets,
Et c'est un prisme assez bizarre.
Et si je n'ai pas eu grand feu,
Gloire, plaisir, et renommée,
Si tout m'a manqué... sacrebleu!
Je n'ai pas manqué de fumée.

Nous disons donc que cette police?..
FEUILLETON. C'est ici.
1836. Merci, bouffi.
LA GAZETTE. Quelle drôle d'année!
VICTIMÉ. C'est bon!.. vous allez rendre compte de vos méfaits... intrigante.
1836. Qu'est-ce qu'il a dit, ce chenapan?
VICTIMÉ. Ce chenapan, c'est votre ennemi intime... votre ennemi mortel... votre partie civile...
1836. Ah! oui, c'est Victimé...
VICTIMÉ. Oui, oui, sans cœur... c'est moi qui t'accuse.
1836. M'accuser, moi!.. quelle indignité! sacredieu!
VICTIMÉ. Oui, jure, mal embouchée.
1836. Me forcer, moi qui suis belle comme une année du moyen-âge, à paraître en police correctionnelle... avec ma famille, mes douze enfans!... des mois superbes...
FEUILLETON, *montrant Décembre qui grelotte dans un coin.* C'est monsieur qui est un échantillon?
VICTIMÉ. Hein! est-il gentil!

LA GAZETTE. C'est Décembre.

1836. Ne faites pas attention... il est un peu lymphatique... il pleure beaucoup.

VICTIMÉ. Il inonde.

1836. Et tous les services que j'ai rendus... la loterie, les jeux que j'ai supprimés, morbleu!

VICTIMÉ. Et la Bourse où vous nous avez...

1836. Floués, c'est possible... mais en revanche, j'ai affranchi les femmes du Grand-Turc.

LA GAZETTE. C'est vrai.

VICTIMÉ. Quest-ce que ça me fait, les femmes du Grand-Turc?.. est-ce que j'en use?

FEUILLETON. Mais vous conviendrez que l'ordonnance qui donne sa volée aux colombes du harem forme un singulier contraste avec l'arrêté de notre préfet de police.

1836.

AIR : *Voulant par ses œuvres complètes.*
A ses femmes, d'attraits pourvues,
Ce bon Mahmoud a tout permis;
Les sultanes courent les rues...
FEUILLETON.
Ce n'est plus de même à Paris.
Là bas on met, pour l'équilibre,
La femme esclave en liberté...
Ici, par singularité,
Nous enfermons la femme libre...

1836. Je suis pour la morale, fichtre, et je n'ai guère fourni que trois cent soixante-six causes...

VICTIMÉ. D'adultère, malheureuse!... comme tes aînées... j'en sais quelque chose... je l'étais.

FEUILLETON. On vous accuse d'un tas de peccadilles.

LA GAZETTE. Je les ai toutes enregistrées.

1836. Qu'est-ce qui dit ça?.. un tas de blagueurs... des auteurs tombés... des niais qui ont perdu à la Bourse... des imbéciles comme monsieur.

VICTIMÉ. Oui, injurie-moi... injurie-moi.

FEUILLETON. Mais ce n'est pas tout... et vos folies d'Espagne, et vos prouesses de Portugal?

VICTIMÉ. Oui, oui, répondez.

1836. Ah! bah!... vous en verrez bien d'autres.

AIR : *J'en guette un petit.*
La liberté, ce grand astre du monde,
C'est un soleil suspendu dans les cieux ;
Et chaque peuple, après la nuit profonde,
Doit à son tour s'éclairer de ses feux.
Je conçois bien que parfois on se brûle
A ce flambeau d'où part tant de clarté...
Le soleil de la liberté,
Comme l'astre a sa canicule.

LA GAZETTE. Et voilà de quoi l'on se plaint.

VICTIMÉ. Nous verrons ça à l'audience.

1836. J'y paraîtrai, à l'audience... avec mon arc de triomphe sur les épaules, et mon obélisque sur la tête... je n'aurai ma langue ni dans mes poches ni dans mon ridicule... Quant à mes enfans, ils feront défaut...

VICTIMÉ. Des faux!... encore!... mais je serai là, avec mes quatorze mille cinq cents témoins!

1836. J'en aurai le double.

VICTIMÉ. Nous verrons.

1836. Nous verrons, quoi?... mal bâti!

VICTIMÉ. Ah! mais... ah! mais, vous m'insultez... et je me rebiffe à la fin.

ENSEMBLE.

AIR *de la Muette.*
Non, laissez-nous, il faut que je me venge
Des mauvais tours qu'il me faut supporter.

VICTIMÉ. Gendarmes, empoignez-moi cette femme-là!

ENSEMBLE.

Pour rester calme il faudrait être un ange,
Et sur le coup je m'en vais l'éreinter.

(*Feuilleton retient Victimé ; la Gazette retient 1836. A la fin de l'ensemble, Victimé va pour se précipiter sur Décembre ; mais celui-ci lui jette de la neige qu'il prend dans son gueux : ils sortent en se disputant.*)

(Musique sourde.)

SCENE IV.

LA GAZETTE, FEUILLETON, LE CHEVALIER BAYARD, *statue du pont de la Concorde, visière baissée, tout en blanc; à chaque pas qu'il fait, on entend résonner le marbre sur le théâtre.*

(La statue, qui tient une assignation à la main, vient se placer au milieu de la scène et reste immobile.)

LA GAZETTE. Ah! mon Dieu! quel est ce personnage-là?... serait-ce la statue du festin de Pierre?...

LE CHEVALIER. Je suis Bayard.

FEUILLETON. Bayard... est-ce que vous nous apportez un vaudeville?

LE CHEVALIER. Des vaudevilles, moi!.. par la pâque Dieu! pour qui me prenez-vous?... moi, un preux de François Ier... le chevalier sans peur et sans reproche!... des vaudevilles!..

FEUILLETON. Comment! c'est vous qui êtes ce fameux guerrier?.. vous revenez de loin... donnez-vous la peine de vous asseoir.

LE CHEVALIER. Vous êtes bien bon... mais... ça ne se peut pas... je suis tout d'une pièce... je descends de mon piédestal du pont de la Concorde, d'où 1836 m'a indignement chassé... avec mes nobles amis! et je viens porter plainte, pour eux et pour moi... par la pâque Dieu!... avec les pièces à l'appui.

LA GAZETTE. Il me semble qu'on vous fait les honneurs de Versailles!..

LE CHEVALIER. Oui, on nous y a expédiés dans d'infâmes coucous!... J'ai vu Condé, le grand Condé... forcé de monter en lapin !...

FEUILLETON. Oui, ce n'est pas bien... A propos... on dit qu'il y a un de ces messieurs qui s'est cassé la jambe... et la tête! comment va-t-il?

LE CHEVALIER. Très-bien... avec une autre tête il n'y paraîtra pas...

FEUILLETON. Qu'est-ce donc que cela?

LE CHEVALIER. C'est le grand Turenne, et voici Duguesclin... (*Il montre un bras et une jambe en plâtre qu'il porte sous son bras.*) Turenne et Duguesclin, Duguesclin et Turenne...

« Du plus grand des héros voilà tout ce qui reste. »

FEUILLETON. Pour en revenir à votre exil... on trouvait que vous étiez mal placés!

LE CHEVALIER. Mal placés!... par la pâque Dieu!...'sur le chemin de vos députés et de vos ministres... quand ils vont à la chambre.

Air *de Julie.*

Du haut d'un piédestal superbe,
Chacun de nous semblait revivre... enfin,
A ces Colbert, à ces Jean Bart en herbe,
Nous étions là pour montrer le chemin.
De la chambre ornant les approches,
Pour les vivans, nos exploits, nos grands noms
Etaient de sublimes leçons...

FEUILLETON.
Vous voulez dire des reproches.

LE CHEVALIER. C'est possible.

FEUILLETON. J'ai fait dix articles là-dessus...

LE CHEVALIER. Enfin, nous étions des modèles... pas de sculpture... par exemple.

FEUILLETON, *riant.* Ah! pour le coup... ceci est une pointe de vaudeville...

LE CHEVALIER. Par la pâque Dieu!... j'en fais quelquefois... quand je suis rouge de colère... comme en ce moment... Car je vous le demande... que va-t-on mettre sur la place de la Concorde, pour la consoler de notre départ?.. est-ce le grand tuyau de pompe à feu qu'ils appellent l'obélisque... couvert de rébus et de charades... et qui vient couper la vue en quatre?..

LA GAZETTE. Allons, vous êtes injuste! mais du moins, en partant, vous avez vu l'arc de triomphe de l'Étoile?

LE CHEVALIER. A la bonne heure !... c'est français cela... ça rappelle des souvenirs de gloire!... Condé, Turenne et moi, nous sentions battre nos cœurs sous leur enveloppe de marbre...

Air : *Qu'il est flatteur, etc.*

C'est superbe, je le confesse...
Mais je demande à qui, chez nous;
On doit faire la politesse
De le laisser passer dessous?..

FEUILLETON.

C'est un honneur que la patrie
Réserve à qui l'a mérité...

LE CHEVALIER.

C'est donc ça que, par modestie,
Chacun de nous passe à côté.

FEUILLETON. Je ferai un article là-dessus...

LE CHEVALIER. Maintenant, indiquez-moi ce que vous appelez la salle des témoins... pour que j'aille faire ma déposition.

FEUILLETON. Il est sûr que vous pouvez être d'un grand poids... dans la balance de la justice.

LE CHEVALIER. Pourrai-je entrer à l'audience ?...

LA GAZETTE. Dam! en vous baissant un peu.

FEUILLETON.
Air :

Nous, dans le siècle où nous sommes,
Partout nous pouvons passer...

LE CHEVALIER.

Je conçois que vos grands hommes
Entrent bien sans se baisser...
Nous irons donc à Versaille...
Mais sur le pont on mettra,
Exploits, talens, à la taille
De ceux qui passent par là !..

ENSEMBLE.

FEUILLETON ET LA GAZETTE.

Oui, dans le siècle où nous sommes,
Partout nous pouvons passer,
Partout nos petits grands hommes
Entrent bien sans se baisser.

LE CHEVALIER.

Oui, dans le siècle où nous sommes,
Partout vous pouvez passer,
Partout vos petits grands hommes
Entrent tous sans se baisser.

(*Le chevalier sort sur la gauche ; musique sourde qui recommence, puis on entend la ritournelle de l'air suivant.*)

LA GAZETTE, *regardant à droite.* Ah! voici les témoins qui viennent en foule!

SCÈNE V.

FEUILLETON, LA GAZETTE, UN ESPRIT DE FEMME, CŒURS DE FEMMES, ESPRITS DE FEMMES.

(Les premières ont chacune un cœur de pain d'épice ; à droite, les autres ont un esprit sur la tête, et des bas bleus.)

CHŒUR.

Air *des Fileuses.*

Nous ferons à l'audience,
D'après l'assignation,
En faveur de l'innocence,
Notre déposition.

FEUILLETON. Sont-elles drôles, avec leurs esprits et leurs cœurs de pain d'épice !

LA GAZETTE. Vous êtes, mesdames...?

TOUTES ENSEMBLE. Nous venons déposer pour 1836.

LA GAZETTE. Pardon ! si vous pouviez ne parler que les unes après les autres ? Vous êtes...?

L'ESPRIT DE FEMME. Les Cœurs de femmes... et les Esprits de femmes...

LA GAZETTE. Commençons par le cœur. (*A l'Esprit de femme.*) Madame l'Esprit, vous avez la parole...

L'ESPRIT DE FEMME, *montrant le premier Cœur de femme.* Voici d'abord, Marie, Théâtre-Français... Trois cœurs, en trois époques.

FEUILLETON, *saluant le premier Cœur.* Je vous salue, Marie, pleine de grâces !... le public est avec vous...

LA GAZETTE. Comment !... c'est là Marie?...

L'ESPRIT DE FEMME. Oui, madame, c'est elle qui se dévoue à son père, qui est un égoïste ; à son mari, qui est un butor ; à sa fille, qui est une péronelle ; à son amant, qui est un imbécile ; à son auteur, qui n'a qu'un rôle...

FEUILLETON. Et encore, ce rôle, c'est elle qui l'a fait... et elle en a fait bien d'autres !...

Air : *Muse des bois.*

C'est bien prouvé, l'ancienne comédie
Était vraiment un magnifique écrin
Où vingt bijoux, orgueil de la patrie,
Étincelaient d'un éclat tout divin.
La main du temps, par un larcin funeste,
Nous déroba ces brillans si connus...
Mais par bonheur le diamant qui reste,
Vaut à lui seul tous ceux qui n'y sont plus.

L'ESPRIT DE FEMME. Elle connaît ce compliment-là... il a un peu vieilli.

FEUILLETON. Dam !... c'est sa faute... elle ne vieillit pas...

L'ESPRIT DE FEMME. Toujours par dévouement pour le public.

LA GAZETTE, *montrant une femme énorme.* En voilà une qui a le cœur bien gros?

L'ESPRIT DE FEMME. Cœur de mère de la Porte-Saint-Martin... Mme Léon... qui descend en droite ligne de *Philippe* du Gymnase, d'*Il y a seize ans* de la Gaîté, et de toutes les pièces généralement quelconques où il y a une mère qui embête tout le monde, et un bâtard qu'elle reconnaît au dénouement, en pleurant

FEUILLETON. Comme c'est divertissant !

LA GAZETTE. Et madame fait fortune ?

L'ESPRIT DE FEMME. Pourquoi pas?.. c'est la sœur de *La Vaubalière*... cette petite maigre qui s'est fait faire un procès par le père *Coupe-toujours*, marchand de galettes, du boulevard Saint-Denis, sous prétexte que sa queue obstruait la boutique de ce brave homme.

FEUILLETON. Voilà ce qui s'appelle se faire la queue à soi-même.

L'ESPRIT DE FEMME. Comme celle-ci.

LA GAZETTE. Madame est....

L'ESPRIT DE FEMME. Les trois Cœurs de femmes du passage des Panoramas.

FEUILLETON. Tiens, je croyais qu'ils avaient eu un Kean ?

L'ESPRIT DE FEMME. Oui, mais il leur faudra un fameux quaterne pour se relever de ce quine-là.

LA GAZETTE. Et celle-là?

L'ESPRIT DE FEMME. Le Cœur de mère du boulevard Bonne-Nouvelle... cœur sensible, mais cœur faible, qui ne souffle plus le mot, depuis que *le Muet* lui a coupé la parole.

FEUILLETON.

Air : *Vaud. de Jadis et Aujourd'hui.*

Ah ! oui, *le Muet d'Ingouville*,
Frère du *Gamin*... je connais...
Un ouvrage, dont, par la ville,
Un grand acteur fit le succès.
Sa pantomime plaît sans cesse,
Et les auteurs, par ce moyen,
Ont mis tout l'esprit de la pièce
Dans le rôle qui ne dit rien.

LA GAZETTE. Et cet autre pain d'épice ?

L'ESPRIT DE FEMME. Une rivale de la rue de Chartres, encore un Cœur de mère, espèce d'anévrisme.

FEUILLETON. Vaudeville galvanique, épileptique et soporifique.

L'ESPRIT DE FEMME. Elle est un peu parente de *Marie*... du côté gauche.

LA GAZETTE. Ça ne l'empêche pas d'être un mauvais cœur. Et ce petit cœur imperceptible?

L'ESPRIT DE FEMME. Le Cœur de mère du Gymnase Enfantin.

FEUILLETON. Vous avouerez que si les enfans font les mères, on ne s'y reconnaîtra plus.

L'ESPRIT DE FEMME. Quant à nous, nous sommes les esprits de femmes, bas bleus de la rue Laffitte, passant notre vie à faire des vers, des romans, des journaux, des comédies, des vaudevilles, des opéras, des grands opéras. Nous sommes auteu...*res*, rédacteu......*res*, compositeu.....*res*, du reste, particulières très-connues ; on vend nos portraits chez tous les marchands de caricatures.

LA GAZETTE. Ah ça ! et vos maris?

L'ESPRIT DE FEMME, *les indiquant tour à tour.* Le sien fait le ménage ; celui de madame taille les plumes, et quant à cet esprit-là... un mari ! fi donc ! elle n'en a pas, elle n'en veut pas, elle veut rester muse toute sa vie.

FEUILLETON. Muse, c'est-à-dire... soyez donc muse puisque ça vous amuse.

AIR *d'Aristippe.*

Chacun son goût... pour moi, je vous préfère,
Quand de vos mains vous essuyez nos pleurs,
Quand vous montrez les vertus d'une mère,
Quand les amours vous couronnent de fleurs.
Restez ainsi... car une fois auteurs,
Vous n'êtes plus que de froides déesses,
Sans complaisance on juge vos faux pas :
On peut au cœur pardonner des faiblesses,
Mais à l'esprit on n'en pardonne pas..

(*Toutes les femmes font une révérence.*)

SCENE VI.

LES MÊMES, VICTIMÉ, *accourant en riant.*

VICTIMÉ. Ah ! ah ! ah ! en voilà bien d'une autre ! les bêtes mêmes ! les bêtes qui sont de mon avis !

L'ESPRIT DE FEMME. Il n'y a rien là d'étonnant.

VICTIMÉ. En voilà une qui vient appuyer ma plainte contre l'année 1836.

L'ESPRIT DE FEMME. Une bête ? c'est *Nabuchodonosor...* l'ingrat!

VICTIMÉ. Du tout, du tout... c'est Jack, l'hareng-outang.

L'ESPRIT DE FEMME. L'orang.

VICTIMÉ. Oui, c'est juste, l'hareng.

TOUTES LES FEMMES. Où est-il? où est-il ?

VICTIMÉ. Dans la salle des témoins où il se repose, par ordonnance du médecin.

TOUTES LES FEMMES. Allons le voir, allons le voir.

FEUILLETON. Mesdames, je ne vous re-

tiens pas... Quant à moi, je vais mettre ma robe de juge et mon bonnet carré.

REPRISE DU CHOEUR.
Nous ferons à l'audience, etc.
(*Ils sortent tous. Bruit de trompette. Victimé s'arrête et regarde à droite.*)

SCENE VII.

VICTIMÉ, M. CAPITAL DE SAINT-GÉRANT, *suivi d'un groom.*
(Il est en habit de charlatan et tient une trompette à la main.)

VICTIMÉ. Qu'est-ce que c'est que celui-là ? c'est un charlatan.

CAPITAL, *entrant.*

AIR : *N'accusez pas ma paresse.*

Contre le jeu, les faillites,
Vous qui cherchez un garant,
De toutes les commandites,
Je suis l'unique gérant!..
Dans mainte chance commune...
Au lieu de vous hasarder,
Donnez-moi votre fortune,
Je m'engage à la garder !..

Donnez-moi votre argent, donnez.

(*Reprenant.*)
Contre le jeu, les faillites, etc.

(*Au groom qui est très-grand.*) Petit, dis que l'on garde le cabriolet, et qu'on ménage la grosse caisse. (*A Victimé.*) Ah ! c'est vous, monsieur Plumé... Capital social... cent millions, à votre service.

(Il joue de la trompette.)

VICTIMÉ. Merci... Qu'est-ce que vous venez faire au Palais, enfonceur que vous êtes?.. poursuivre quelques actionnaires récalcitrans ?

CAPITAL. Les actionnaires?.. allons donc ! souples comme des gants... ils ne soufflent plus.. applatis, les actionnaires ! De quoi se plaindraient-ils? je prends leurs intérêts.

VICTIMÉ. J'en sais quelque chose.

CAPITAL, *comme poursuivant quelque chose du regard et de la main.* Attendez ! j'en tiens un... oh !

VICTIMÉ. Un actionnaire?

CAPITAL. Non, un projet... magnifique, capital social, cent millions.

VICTIMÉ. Mais enfin, que venez-vous faire ici?

CAPITAL. Sauver l'année 1836. Je prends son procès en commandite... je lui dois bien ça... m'en a-t-elle procuré de bonnes petites affaires, avec ses grandes affiches !

VICTIMÉ. Oui... L'Univers... partout... soixante pieds carrés.

CAPITAL, *déroulant une affiche énorme.* Petit modèle!.. *Shelsinger!* six pieds six pouces!..

(Il joue de la trompette.)

VICTIMÉ. Ça se voit de loin... on peut lire ça sans lunettes...

CAPITAL. Quel avantage pour les myopes... des annonces grandes comme des maisons... avec des majuscules de la hauteur des portes et fenêtres... des O... comme des œils de bœuf, et des J comme des tuyaux de poêle...

VICTIMÉ. En voilà de la publicité!..

CAPITAL. Hein!.. par-dessus les toits... et je viens de commander cent affiches-monstres... j'en couvre les murs!...

VICTIMÉ. Et la police qui défend, sous peine d'amende, qu'on dépose aucune grande affiche contre les monumens publics!

CAPITAL. Et les maisons bourgeoises?.. je colle du bas en haut, et de haut en bas.. sur les fenêtres... sur les portes! partout.. je mets tout Paris sous le scellé... et allez donc!..

Air : *Vaudeville de Fanchon.*

Grâce à mes grandes lettres,
Des portes et des fenêtres
Je supprime bientôt
L'impôt.
Et pour les gens peu riches,
Qui redoutent le vitrier,
Je fournis, en affiches,
Des carreaux de papier.

(*D'un air de folie.*) Attendez!.. je le tiens! capital social, cent millions!... société en commandite pour l'amélioration de la race des chats!..

VICTIMÉ. Et on paiera le semestre?..

CAPITAL. A la mi-août!.... voilà le prospectus, votre argent? (*Jetant des prospectus à la figure de Victimé.*) Qui veut des actions?..

VICTIMÉ. Laissez donc.... j'ai assez versé d'argent dans vos entreprises... on n'a plus rien à vous donner, mon brave homme...

CAPITAL, *d'un air inspiré.* Chut!... en voilà un autre!.. un Second-Théâtre-Français!.... salle magnifique, immense..... comme celle du Palais-Royal, commode comme celle du Vaudeville et toujours pleine comme celle des Variétés... les auteurs seront des hommes-colosses, qui feront des pièces-monstres... et les acteurs auront la taille de ceux du premier théâtre et le talent de la troupe Castelli.... Capital social...

VICTIMÉ. Cent millions...

CAPITAL. Alexandre Dumas et Victor Hugo!.. c'est la même chose... prenez...

prenez... pendant qu'il en reste encore...

VICTIMÉ. Gardez pour vous!

CAPITAL. Troisième-Théâtre-Français, rue Mouffetard... autrement dit Théâtre Saint-Marceau!..

VICTIMÉ. C'est trop loin...

CAPITAL. Quatrième-Théâtre-Français.. Cinquième-Théâtre-Français...

VICTIMÉ. Tâchez d'en avoir un, et que ça finisse.... payez-moi plutôt ma rente d'Espagne.

CAPITAL. A propos , avez-vous payé votre abonnement à la Société sanitaire?. vingt-deux francs par an... capital social.. cent millions, sans compter les médecins et les apothicaires... à la suite...

VICTIMÉ. Encore du propre!..

CAPITAL. Idée gigantesque!... la santé en commandite... vous pouvez être malade.... pleurésie, cataplexie, paralysie, apoplexie... ça ne vous regarde pas... la Société sanitaire est là !..

VICTIMÉ. Témoin, que j'ai été attaqué d'une attaque de nerfs, et qu'on m'a envoyé le chirurgien quinze jours après.

CAPITAL. Il n'a pas que vous à penser.

VICTIMÉ. Si j'étais mort en l'attendant?

CAPITAL. Le cas est prévu... la Société en commandite d'embaumement... capital social, cent millions!.. six cents francs pour les grandes personnes... demi-place pour les enfans au-dessous de sept ans... Qui est-ce qui veut se faire embaumer?... parlez!...

VICTIMÉ, *d'un ton de reproche.* J'étais abonné aussi à vos momies d'Egypte.

CAPITAL. Pourvu qu'on vous embaume en temps et lieu, vous n'avez rien a dire?.

VICTIMÉ. J'avais payé d'avance...

CAPITAL. C'est juste, on vous embaume tout de suite... (*Le regardant.*) Belle momie!... cinq pieds deux pouces, et puis, vous avez droit au partage... du matériel.. mortiers, lancettes... pilules...

VICTIMÉ. Et clyso-pompes...

CAPITAL. De plus... les intérêts anticipés!..

VICTIMÉ. Anti-chipés!..

CAPITAL. Il faut des actions et non pas des... (*Frappé d'une idée convulsive.*) Oh!.. oh!.. oh!.. (*il marche à grands pas.*) voilà, voilà!.. je l'ai attrapée...

VICTIMÉ, *suivant des yeux.* Encore une attrape?.. où donc?

CAPITAL , *montrant en face.* Là! capital social, cent millions!... capital social... deux cents millions!. capital social... trois cents millions...

(Il marche toujours.)

VICTIMÉ. Ça ne lui coûte rien...

CAPITAL. Chut!... suivez bien mon raisonnement...

VICTIMÉ, *le suivant*. Je le suis...

CAPITAL. Prendrai-je mon parapluie?.. ne le prendrai-je pas ?.. le prenez-vous?.. il ne pleut pas... ne le prenez-vous pas... il pleut!...

VICTIMÉ. Il pleut toujours...

CAPITAL. Chut!... c'est invariable.... vous le prenez?.. vous le perdez...

VICTIMÉ. Juste!... j'en ai perdu sept la semaine dernière... dont un qu'on m'a volé... dans une maison honnête.

CAPITAL. Et puis, un riflard à porter... c'est embêtant... Chut... société en commandite... capital social...

VICTIMÉ. Cent millions... c'est convenu.

CAPITAL. Plus d'inconvénient!... plus de saison aquatique!... enfoncés les passages... Qui veut des parapluies-omnibus?. (*Il joue de la trompette; le groom ouvre un immense parapluie.*) Voilà!.

VICTIMÉ. Ah! mon Dieu!..

CAPITAL. Des parapluies, dis-je, qui stationneront à la porte des spectacles, bals, concerts, cafés, estaminets et autres lieux de réunion...

VICTIMÉ, *se plaçant sous le parapluie avec Capital*. Eh bien! oui! eh bien! oui! voilà une invention pour le quart-d'heure.

CAPITAL. Hein?... qui veut des actions?

VICTIMÉ. Il faut communiquer ça aux ministres.

CAPITAL. Farceur!... pour qu'ils me renvoient à une commission qui me renverra mon parapluie à l'an 1936, où peut-être il ne pleuvra plus... ils n'en font jamais d'autres... commission de finance, de contrefaçon... de propriété... de morale... de... est-ce que je sais?..

AIR : *Vivent, vivent les mœurs des champs.*

Vite, vite, une commission,
Pour examiner cette affaire,
Allons, messieurs, qu'on délibère...
Tâchez surtout que ce ne soit pas long!

Pour faire taire
Le prolétaire,
Le ministère,
Homme de bien,
Dit bien
Que son budget
Sera l'objet
D'un examen secret;
Mais, pour la forme.
S'il est énorme,
Qu'on s'y conforme,
Puisqu'il est fait!..

Vite, vite, une commission, etc.

De nos coulisses.
De nos actrices,
De leurs caprices,
Arrive un jour

Le tour !..
L'autorité,
C'est arrêté...
Veut, par moralité,
Mettre la danse
Et l'innocence
En surveillance
A
L'Opéra !..

Maillots, vertu, pudeur, jupon.

Vite, vite, une commission, etc.

De votre père,
De votre mère,
De votre frère,
Héritez-vous?
Oui, tous.
L'épicier,
Nomme un héritier...
Mais le génie, à son déclin,
Peut-il de même.
C'est un problème,
A ceux qu'il aime
Laisser du pain?..

Voyez les nièces de Corneille!...

Vite, vite, une commission, etc.

D'abord on cause :
— Moi, je propose !..
— Moi, je suppose...
— Moi, je dis : Non...
— Pardon !..
— Monsieur un tel
— Au nom du ciel...
— C'est peu rationnel !
— Mais l'infortune !..
— Mais la tribune !..
Enfin, c'est une
Tour de Babel.

Vivent, vivent les commissions,
Pour faire,
Manquer chaque affaire...
On rit, on jase, on délibère,
Et tout se passe en conversations!

Et la morale de tout ça... c'est qu'il faut faire ses commissions soi-même ; aussi, je cours faire annoncer, dans tous les journaux politiques et littéraires, mes voitures *urbaines* et *locomotives*... mon *eau de pure Seine*... mon nouveau *Concert-Musard*... mon magnifique domaine de *Rehrahya*, près d'*Alger*... mon *frottage à domicile* .. ma *laiterie des familles*... mon *papier de sûreté*... mes *bateaux à vapeur*... mes *journaux à quarante francs* et ma *pommade du lion*... pour faire pousser les cheveux de la tête comme dans la main. Sans adieu... je vous garderai des actions... vous paierez quand vous voudrez... demain matin, je vous enverrai la quittance.. Capital social... cent millions!...

VICTIMÉ, *criant*. Je ne veux qu'un parapluie-omnibus.

CAPITAL.
(*Il sort en reprenant.*)

Vite, vite, une commission, etc.

SCENE VIII.

MILORD CERF-VOLANT, M. CRICRI, M. HANNETON, TROIS CARICATURES ANGLAISES, *puis* LA GAZETTE.

(Le groom reste planté au milieu du théâtre tenant toujours le parapluie ouvert.)

CERF-VOLANT, *entrant, au groom.* Monsieur... le police correctionnelle... s'il vous plaît ?

LE GROOM. Capital social, cent millions..

(Il se sauve avec le parapluie.)

CERF-VOLANT, *à la Gazette qui entre.* Ah!.. mistriss... dire pas à nous le adresse du forings office de Paris ?...

LA GAZETTE. Je vois que ces messieurs cherchent la police correctionnelle...

CERF-VOLANT. *Yes !.. yes !..* correctionnelle...

CRICRI *et* **HANNETON.** *Yes !.. yes !..*

LA GAZETTE. Monsieur, je parierais, est encore un témoin qui nous arrive de là-bas ?

CERF-VOLANT. Non, médème, je venais de là-haut avec mes deux partners... mon nom était milord Cerf-volant; voici M. Cricri, et M. Hanneton vole, vole, avec moi dans le ballon. *(Ils saluent.)* C'est nous trois ensemble, particulièrement, qui avons trouvé le moyen de diriger les ballons, pour faire tomber les chemins de fer...

LA GAZETTE. Comment?.. c'est vous qui venez de faire ce voyage aérien qui met toute la France en l'air?..

CERF-VOLANT. *Yes !* c'était moi seul... avec ces deux Gentlemans.

LA GAZETTE. Ah ! milord... ceci vous a placé bien haut dans l'estime publique....

CERF-VOLANT, *regardant en l'air.* Oh !.. yes... très-haut... très-haut...

CRICRI *et* **HANNETON.** *Yes.. yes...*

CERF-VOLANT. Nous avons mis dedans le ballon, au lieu de sable pour lester lui, beaucoup de mobilier de cuisine et des volatiles toutes froides, pour lester nous, avec des beefteacks... des rossbiffs, des plum-poudings.

LA GAZETTE. Voilà ce qui s'appelle ne pas s'embarquer sans biscuit.

CERF-VOLANT. *Yes !* . des biscuits aussi!.. avec du vin... toujours pour lester nous...

LA GAZETTE. Dites donc... vous pouviez joliment faire la contrebande, si vous aviez voulu...

CERF-VOLANT. Le douane... est venu dire à nous : Qu'est-ce que vous faisez là-

haut ?.. descendez pour le visite...ou je vais courir après vous... et nous avons monté toujours... toujours!... oh !.. oh!..

(Il rit.)

CRICRI *et* **HANNETON**, *riant aussi.* oh ! oh !..

CERF-VOLANT. Nous avons parié, nous, de venir tout droit de London en France, et nous avons traversé heureusement... le... comment vous appellez ceci ?..

(Il montre la manche de la Gazette.)

LA GAZETTE. Un gigot !

CRICRI *et* **HANNETON.** Yes !.. yes !.. gigotte...

CERF-VOLANT. Je avais donc traversé heureusement le gigotte.... *(Se fâchant.)* Non .. *(Aux deux Anglais.)* Qu'est-ce que vous disiez à moi... stioupides!....*(A la Gazette, montrant son bras.)* Ceci... le?..

LA GAZETTE. Ah !... la Manche ?

CERF-VOLANT. Yes!.. yes!.. le manche!.. je savais bien que c'était pas le gigotte.... c'était le manche... je avais traversé le Manche pour venir dans le France... et je avais descendu...

LA GAZETTE. A Paris?..

CERF-VOLANT. Non !.. en Prusse.... à cause du petit zéphir qui n'avait pas voulu.

LA GAZETTE, *souriant.* Par esprit de contradiction.

CERF-VOLANT. Mais aujourd'hui nous allons recommencer... dans quelques jours à la caserne des poissons, ce superbe expérience qui doit procurer à nous tous trois particulièrement, le même... le même... comment que vous appelez la porte Saint-Denis de la barrière de l'Etoile ?

LA GAZETTE. L'Arc-de-Triomphe...

CERF-VOLANT. Yes !... yes !... yes !... triomphe.... Nous lui devrons le même triomphe ! mais je parlerai moi tout seul... pour tous les trois ensemble... particulièrement... pourquoi M. Cricri il ne parlait que le allemand, et M. Portugal... que le hanneton...!. *(Se reprenant.)* Non !.... M. Hanneton que le Portugal...

CRICRI *et* **HANNETON.** Yes !.. yes !..

CERF-VOLANT. Nous allons aussi publier le relation de notre voyage... avec toutes les observations astronomiques, philosophiques et météoro...logiques que nous avons faites... dedans le firmament...

LA GAZETTE. Cela doit être curieux...

CERF-VOLANT, *tirant un papier de sa poche.* Je allais dire... à vous un peu.

LA GAZETTE. Voyons les observations météorologiques.

CERF-VOLANT, *lisant.* « Partis de London... à trois heures, dedans le ballon! » nous avons mangé le petit biscuit dans

» le vin de Madère, dessus la ville de
» Cantorbéry... Quand nous avons été sur
» le canal de Douvres, nous avons dîné
» avec le rosbiff aux pommes de terre....
» avec du jus dessous... Quand nous avons
» été sur Calais, en France, nous avons
» pris le café avec le rhum... et le kirche...
» Quand nous avons passé sur Bruxelles...
» en Belgique, nous avons soupé à minuit,
» avec le plum-pouding !.. Quand nous
» voyons plus rien du tout, nous avons
» allumé un bol de punch pour éclairer
» nous... A une heure... nous avons en-
» core pris le vin de Madère... trempé
» dans le petit biscuit... Au point du jour,
» nous avons mangé la seule volaille....
» Quand il a été grand jour, nous avons
» déjeuné... avec le jambonneau... Quand
» nous étions sur Namur... nous avons
» déjeuné encore... A midi... et quand
» nous avons descendu à Weilburg... nous
» avons été, tout de suite, dîner chez le
» commandant.. nous mourions de faim..
» et, tous trois ensemble, particulière-
» ment, nous avons certifié véritable....
» avec le paraphe à nous... Voilà nos ob-
» servations météorologiques dans le fir-
» mament. »

LA GAZETTE. C'est admirable... seule-
ment il paraîtrait que dans le ciel... on a
un appétit d'enfer.

CERF-VOLANT, *riant*. Oh ! yes !.. c'était
très-drôle...

CRICRI *et* HANNETON. Yes !.. yes !..

LA GAZETTE. Ah ça !... je vous conseille,
quand vous retournerez en Angleterre, de
vous arranger de façon à ne pas descendre
en Espagne... Ça leur ferait encore une ré-
volution... et ils en ont bien assez.

CERF-VOLANT. Oh ! cette fois.... nous
avons pris le bon moyen pour diriger nous
dans le ballon...

LA GAZETTE! Vous avez trouvé l'art de
diriger les ballons ?..

CERF-VOLANT. Yes !..

CRICRI *et* HANNETON. Yes !.. yes !..

LA GAZETTE. Par exemple!.. je voudrais
bien savoir?

CERF-VOLANT. Nous allons montrer à
vous, tout de suite... la petite invention...
(Ils tirent chacun un petit soufflet de leur poche.)

LA GAZETTE, *surprise*. Des soufflets ?..

CERF-VOLANT. Pour faire le petit aquilon
nous-mêmes ; quand le ballon, il voudra
aller d'un côté !.. nous soufflerons tous les
trois ensemble, particulièrement, de l'autre... comprenez-vous?

LA GAZETTE, *riant*. A merveille ! et

dire que les Blanchard et les Garnerin
n'avaient pas songé à ce moyen-là !

CERF-VOLANT, *montrant la boîte du souf-
fleur*. Qu'est-ce que c'était que cette monsieur... dans son trou ?.. c'était monsieur
Dufauvel ?...

LA GAZETTE, *riant*. Non, c'est le souf-
fleur...

CERF-VOLANT, *enchanté*. Oh ! le souf-
fleur... Monsieur... je prierai vous de venir souffler avec nous. Yes ? merci... nous
engagerons vous... pour notre prochain
voyage...

LA GAZETTE. Mais, à vous parler fran-
chement, milord... je crains bien que votre moyen ne soit pas très-bon.

CERF-VOLANT. Vous allez voir... (*Il
tire de sa poche un petit ballon d'enfant et
le gonfle, puis il le laisse aller, et le ballon
s'élève à hauteur d'homme.*) Attention à
vous, les zéphirs...

LES TROIS ANGLAIS.

Air *du Juif*.

Marche ! (*bis*)
O nouvelle arche,
Marche ! (*bis*)
De ce côté !
Soufflé ! (*bis*)
Ça nous essouffle !
Mais notre nom sera cité !..

LORD CERF-VOLANT.

Oui, voilà comme sans danger
Un ballon peut se diriger...
Faire ses affaires soi-même,
C'est le bon système !..
Par ce stratagème,
Pour notre ballon,
Nous faisons l'aquilon.

LA GAZETTE. C'est prodigieux !

LES TROIS ANGLAIS, *en soufflant*.

Marche ! (*bis*)
O nouvelle arche, etc.

(*Ils soufflent d'un côté, le ballon s'en va de
l'autre ; ils courent après.*)

LA GAZETTE, *riant*. Et voilà l'art de diriger les ballons !..

(On entend claquer un fouet.)

SCÈNE IX.

LES MÊMES, LE POSTILLON, *couvert de
rubans, le fouet à la main, portant der-
rière lui un paquet de lattes, et une boîte
sous le bras.*

VICTIMÉ, *entrant d'un autre côté*. Par
ici !.. par ici !... encore un témoin !...

(Il va au-devant du postillon.

LE POSTILLON. Clic, clac, gare que je passe, ou j'écrase tout le monde....

VICTIMÉ. Là, qu'est-ce que je vous disais, qu'on ne peut plus aller dans les rues?..

LE POSTILLON. Prends garde, monsieur l'Esprit, je vais la poste, je brûle le pavé, je rase les trottoirs, je frise les bornes, et je pourrais bien te mettre des papillotes... clic... clac...

VICTIMÉ. C'est un perruquier...

LA GAZETTE. Ah ça ! mon brave, qui êtes-vous donc, pour faire claquer votre fouet comme ça ?..

LE POSTILLON. Ce que je suis?..

Air *du Postillon de Lonjumeau.*

Je suis un enfant de la poste,
Toujours courant, toujours couru,
J'ai l'esprit prompt à la riposte,
Et je plais dès que j'ai paru...
D'une ornière large et profonde,
Tirant mon heureuse maison,
Je fais chanter à tout le monde,
Surtout au caissier du patron...
    Oh! oh!
    Qu'il était beau,
Le postillon de Lonjumeau!

Avec ma parure coquette,
J'ai l'air galant, je vaux de l'or,
Je fais raffoler la grisette,
La financière et mieux encor.
Aussi plaisir, fortune et gloire,
Chez moi, tout ça marche grand train ;
Et le public, d'un bon pour-boire,
Arrose mon joli refrain.
    Ah ! oh!
    Qu'il était beau,
Le postillon de Lonjumeau !

VICTIMÉ. Le postillon, je le reconnais, j'en étais bien sûr, il m'a écrasé.

LE POSTILLON. Pardon, excuse, l'amour, je ne m'en souviens pas...

VICTIMÉ. Eh ! parbleu, à votre porte, où j'ai été moulu dans la foule, même que j'ai pris un billet de collidor...

LE POSTILLON. Ah ! oui, la foule, je la mène ferme, clic, clac... et allez donc... ce pauvre Opéra-Comique, lui... maintenant, le voilà sur la grand'route ; galope mon petit, mais gare les fossés!..

VICTIMÉ. Ah ! oui, les fossés, comme les pontons de Cadix.

LE POSTILLON, *lui donnant un coup de fouet sur les jambes.* Silence, malin, respect aux défunts...

VICTIMÉ. Ah çà! dites donc, avec votre fouet...

LE POSTILLON. Hein ! il pince, mon fouet, il emporte la pièce.

VICTIMÉ, *à part.* Il devrait bien emporter la sienne...

LE POSTILLON. Quant à ma musique, clic, clac, elle fait un fier bruit sur le pavé de Paris.

VICTIMÉ. Ah ! oui, votre musique, je ne dis pas ; mais ce n'est pas encore du fameux.

LE POSTILLON. Respect à mon compositeur, ou je t'administre une infusion de mèches de fouet... Cadet !

VICTIMÉ. Ah ça ! qu'est-ce qu'il a donc... votre compositeur, votre compositeur?.... Ne dirait-on pas que c'est le premier homme du monde...

LE POSTILLON. Juste !.. c'est toi qui l'as nommé... un individu de trois pieds quatre pouces, orné de besicles, que je porterai à l'Institut, quand il y aura de la place, entre la Juive et l'Ambassadrice...

VICTIMÉ. L'Ambassadrice ?.. qu'est-ce que c'est que ça?..

LE POSTILLON, *lui donnant un coup de fouet.* C'est du nouveau, mon gros...

VICTIMÉ. Il est insupportable en société.

LA GAZETTE, *montrant le paquet de lattes.* Tiens, dites donc, qu'est-ce que vous portez là ?..

LE POSTILLON. Ces morceaux de bois, ma déesse?.. c'est une espèce d'harmonica, un piano russe, qu'un cosaque a fait entendre place de la Bourse, dans mon local.

LA GAZETTE. Ah bah ! des lattes?..

LE POSTILLON. Eh oui! des lattes!.. ça met la musique à la portée de tout le monde... et voilà un individu qui avec ses jambes ferait un instrument très-agréable...

VICTIMÉ. Mais je m'en flatte, j'ose m'en flatter...

LA GAZETTE, *montrant la boîte.* Et ceci?..

LE POSTILLON. Ceci, ce sont des billets de faire part que je distribue sur ma route... avec accompagnement de coups de fouet... une foule de nouvelles de toutes couleurs, mariages d'actrices, qui font le plongeon, naissance de romans, et enterremens de vaudevilles, opéras et autres...

VICTIMÉ, *qui a pris une lettre et l'a ouverte.* Tiens ! ce billet daté d'Angleterre... de Manchester...

LE POSTILLON, *faisant sauter le chapeau de Victimé.* Chapeau bas, à celui-là...

Air *de Julie.*

De Malibran, sur la terre étrangère,
Meurt le talent et si jeune et si beau...
    Elle n'est plus... et l'Angleterre
Voulait du moins conserver son tombeau...
Si Manchester refusait de le rendre,
C'est qu'il croyait que, s'échappant du Styx,
Le rossignol, ainsi que le phénix,
Peut renaître un jour de sa cendre...

LA GAZETTE. Je vois que vous avez fort à faire dans votre établissement, vous portez tout...

LE POSTILLON. Oui, pour l'instant ; mais pardon , petite mère , je suis pressé de déposer en faveur de cette chère année 1836 , qui m'a créé et mis au monde; de là, je continue à conduire à son numéro chaque particulier que j'ai pris en croupe sur mon quadrupède, aimable animal qui sait la musique comme M. Musard , et qui bat la mesure comme un chef d'orchestre...

VICTIMÉ. Vous êtes donc monté sur Pégase?

LE POSTILLON. Pégase?.. je connais ça... Pauvre vieux classique !.. va.

Air : *Pégase est un cheval qui porte.*

Autrefois, coursier du génie,
Et ne vivant que de lauriers,
Pégase dans son écurie...
Restait, faute de cavaliers.
Mais, de nos jours, on l'éreinte, on l'écrase,
C'est à qui montera dessus,
Et l'on peut dire que Pégase
Est un vrai cheval omnibus...

VICTIMÉ. A six sous avec la correspondance...

LE POSTILLON. Comme tu dis , fils de Cypris.

(Il lui lance un coup de fouet.)

LE POSTILLON. Oh! mais... oh ! mais !..

LE POSTILLON. En route! qui veut partir avec moi ?.. monte... mais gare...

Air : *Clic, clac.*

Clac, clic, clac, clic, clac, postillon...
Allez donc,
Du fouet et de l'éperon,
Frappez
Et galopez...
Et que dans la carrière,
A travers la poussière,
On dise : le voilà !
Oh ! comme il va !
Tin, tin, tin, les grelots,
Des chevaux,
Galopant
Et frappant
Le pavé qui gémit,
Et d'où le feu jaillit,
Vont au loin s'unissant,
Au fouet retentissant,
Gare au passant !

Qu'un nouveau Lajobardière,
Vienne se faire orateur,
Au beau milieu d'une ornière,
J'enfonce le radoteur...
Mais que, sortant de la route commune,
Un ami du peuple et des lois
Veuille venir bien vite à la tribune,
Pour mieux défendre tous nos droits...
Clic, clac, clic, clac, filons ;
Et détalons,
Dépêchons,
Arrivons.
La chambre s'ouvrira...
Et chacun sait que là ;
Pour le salut des lois,
Il ne faut quelquefois
Rien qu'une voix.

Ta, ta, ta, ta, postillon,
Allez donc !
Du fouet, de l'éperon,
Frappez,
Et galopez !
Et que, dans la carrière,
A travers la poussière,
On dise : Le voilà !
Ah ! comme il va !

L'industrie et le commerce,
Réclament-ils mon secours ?
Moi, jamais je ne les verse...
Et pourtant comme je cours !
Mais que voulant tout franchir dans sa course,
Et dépasser tous ses rivaux,
Un intrigant pour voler à la Bourse,
Fasse atteler quatre chevaux,
Là, là, là, là, modère un peu
Ce feu,
Que je lui dis gaîment ;
Hâte-toi lentement,
Cette route, entre nous,
Est pleine de cailloux,
Et par là, plus d'un fou
Se rompt le cou.
Clic, clac, clic, clac, postillon,
Allez donc,
Me répond,
Le fripon.
Je file; mais bientôt,
Crac , survient un cahot ;
Et mon homme vexé,
Tout-à-coup est versé,
Dans le fossé!
Qu'un auteur de comédie
Dans le genre de Scipion,
Me dise : A l'académie !..
Je le mène à Charenton.
Mais qu'un beau jour la muse patriotique
De Béranger, roi d'la chanson
Veuille monter au trône académique
Avec Lisette et Frétillon,
Flon, flon, flon, flon,
Qu'un refrain de chanson
Du fouet prenn' l'unisson,
Et que tout bon luron,
Digne encor de ce nom,
Et sur tous les chemins,
Devant ces gais refrains,
Batte des mains.
Clic, clac, clic, clac, postillon,
Allez donc,
Du fouet, de l'éperon,
Frappez,
Et galopez ;
Et que dans la carrière,
A travers la poussière,
On dise : le voilà !
Ah !
Comme il va ! (*Ter.*)

(*Rumeur et bruit de sonnette.*)

LA GAZETTE , *allant voir.* C'est l'audience qui va commencer...

VICTIMÉ. Je cours lancer ma meute de témoins !..

LE POSTILLON. Et moi... en attendant mon tour, je vais consommer mon pourboire à la buvette...

(Il sort avec Victimé et lui donne des coups de fouet.)

SCENE X.

LA GAZETTE *et tous les personnages qui ont déjà paru, à l'exception du* POSTILLON *, de* VICTIMÉ *, de* 1836 *et de* DÉCEMBRE.

(Feuilleton et les autres juges en robe noire entrent par la droite, et viennent prendre place sur l'estrade qui est dans le fond; au milieu du théâtre, entourés des avocats, du greffier et de l'huissier. Les témoins entrent des deux côtés, et se placent à gauche.)

CHOEUR.

Air *des Huguenots.*

Voici l'audience
Enfin qui commence;
Je voudrais, d'avance,
Connaître l'arrêt.
Cette pauvre année
Sera condamnée...
A sa destinée,
Je prends intérêt.

L'HUISSIER , *criant.* Silence!..

FEUILLETON, *tirant sa montre.* Vu l'heure avancée... et la cause étant suffisamment éclaircie... par l'enquête de ce jour, le tribunal va prononcer, sans désemparer , sur le sort de 1836... (*A l'huissier.*) Faites venir l'accusée...

(Murmures dans l'auditoire.)

FEUILLETON.

Air *connu.*

Silence, silence, silence,
On va prononcer la sentence...
Ici, les bravos sont permis;
Mais les sifflets sont interdits.

SCENE XI.

LES MÊMES, 1386, *amenée par deux gendarmes et suivie de* DÉCEMBRE *, qui a toujours son gueux.*

1836. Mais lâchez-moi donc, gendarmes , je ne veux pas me sauver... ventrebleu !..

FEUILLETON. Accusée, avez-vous encore quelque chose à dire pour votre défense ?

1836, *ôtant son cigare.* Magistrat irréprochable... je vous dirai que je n'ai rien à me reprocher... comme vous êtes équitable , j'espère que vous serez juste... et, là-dessus , je rallume mon cigare... (*Elle le rallume au gueux de Décembre.*) Voilà comment il faut parler à la justice..... quand on la respecte...

FEUILLETON , *lisant.* « Considérant qu'aux yeux de tout bon juge... »

VICTIMÉ, *criant dans la coulisse.* Oh! la, la... oh ! la , la...

(Elle se met à fumer. Feuilleton se levant et commençant à lire.)

TOUS. Qu'est-ce que c'est ?

L'HUISSIER. Silence , mesdames!...

SCENE XII.

LES MÊMES , VICTIMÉ. *Il est tout enflé du corps et de la tête.*

VICTIMÉ. Voyez!.. et jugez!..

TOUS , *reculant.* Ah ! mon Dieu!..

VICTIMÉ. En voilà-t-il encore un de grief !.. dans quel état elle m'a mis , la satanée !..

1836 , *riant.* Comment ça, l'enflé?..

VICTIMÉ , *aux juges.* Figurez-vous que je m'approche tout-à-l'heure de ce particulier qui porte son *Luxor*... je veux toucher Lebas...

FEUILLETON. Lebas ?..

VICTIMÉ. Lebas de l'obélisque... toutà-coup un petit reptile s'élance... v'lan !.. une piqûre... et plus que ça d'embonpoint ! (*Tout le monde rit.*)

CAPITAL. C'est un scorpion.

VICTIMÉ. Ah! c'est ça qu'ils appellent un... eh bien ! c'est gentil... il ne nous manquait plus que ça...

CERF-VOLANT. Il était aussi enflé comme le ballon à nous...

(On rit encore.)

L'HUISSIER. Silence!..

FEUILLETON. Le tribunal... ouï... toutes les parties et tous les témoins...

Air *du Premier prix.*

Considérant : qu'aux yeux de tout bon juge,
L'an ci-présent, dix-huit-cent trente-six,
Sur douze mois, comme au temps du déluge,
A fait pleuvoir, pour le moins pendant dix;
Considérant : que cette année, en masse,
N'a pas manqué de bonne intention;
Mais n'aura pas, enfin, de l'an de grâce
Entièrement su mériter le nom.

VICTIMÉ. An de disgrâce !...

L'HUISSIER. Silence !..

FEUILLETON, *continuant.*

Considérant : qu'elle a, chose inouïe!
Dans un accès de noire cruauté,
Réduit, hélas !.. peut-être pour la vie,
Un citoyen à l'incapacité!

VICTIMÉ. Il est propre, le citoyen...

L'HUISSIER. Silence !...

FEUILLETON, *continuant.*

Considérant : que, peu patriotique,
A nos dépens, madame, sans façon,
A fécondé la stérile Belgique,
En conspirant pour la contrefaçon!

Considérant : qu'elle a, par contrebande,
A nos savans montré, pour tout de bon,
Comme un sauvage arrivant de Zélande ,
Un gentleman, né natif d'Albion.

VICTIMÉ , *à lord cerf-volant.* Ce n'est pas pour vous qu'on dit ça...

L'HUISSIER. Silence !...

FEUILLETON *continuant.*
Mais, attendu que, durant sa carrière,
Moins fréquemment le drame a vu le jour...
Que de *Marie* et de *La Vaubalière*
Pendant son règne est arrivé le tour.
Mais, attendu que, de mainte bataille
Réunissant les souvenirs épars,
Elle a peuplé le désert de Versaille
Des monumens de la gloire et des arts !
Le tribunal a, dans sa juste balance,
Du bien, du mal, ici faisant la part,
Pour cette fois, penché vers la clémence,
Et d'indulgence il use à son égard !
Oui, par pitié pour cette infortunée,
Qui, selon nous, n'a rien prémédité,
Le tribunal, ordonne que l'année
Sera bannie à perpétuité !

1836, *criant.* J'en rappelle ! ! !

FEUILLETON. C'est jugé en dernier ressort... car voilà minuit...

(Minuit sonne. Musique.)

1836. Alors je m'évanouis... dans les bras de Décembre.

(Elle tombe dans les bras de décembre qui l'entraîne.)

VICTIMÉ. Enfoncé, 1836 !..

FEUILLETON. Quant à nous... prenons nos habits de bals pour recevoir 1837... qui sera peut-être plus gaie et plus aimable que sa devancière...

(Musique. Ils jettent tous leurs robes noires qui laissent voir des costumes de pierrots, paillasses et autres habits de carnaval. Au même instant le théâtre change et offre un aspect riant et animé.)

CHOEUR.
Air *du Voile bleu.*
Mes amis, galopons, (*bis*)
Espérance
Et persévérance,
Mes amis, galopons, (*bis*)
Et nous nous rattraperons.

SCENE XIII.

LES MÊMES, LE POSTILLON, L'ANNÉE 1837, *suivie de* DAMES *en robes de bal.*

LE POSTILLON, *entrant le premier.* Clic! clac !.. Je vous annonce l'Année 1837 !.. je l'ai vue le premier !..

1837.
Suite de l'air.
Amis, je viens à la ronde,
Combler ici tous vos vœux ;
Le ciel ne m'a mise au monde
Que pour faire des heureux.
TOUS.
Mes amis, galopons, etc.

RONDE FINALE.

AIR : *Ça n'est pas si bête.*
LE POSTILLON.
Répétons de nos aïeux
La phras' consolante :
Un jour tout s'ra pour le mieux...
C'est pour l'an quarante !
1837.
Nous aurons un beau salon,
Que d'avance on vante ;
Nous aurons un Odéon....
C'est pour l'an quarante !
LA GAZETTE.
On supprime les maisons
De *Trente et quarante*...
Quant à la bourse, attendons...
C'est pour l'an quarante !
L'ESPRIT DE FEMME.
D'avoir son p'tit monument
Maint préfet se vante...
Molière, à toi, maintenant !
C'est pour l'an quarante !
CAPITAL.
Tout l'argent qu'elle emprunta
Sur sa folle rente,
L'Espagne nous le rendra...
C'est pour l'an quarante.
FEUILLETON.
Malgré messieurs tels et tels,
Un jour les quarante
Seront quarante immortels ..
C'est pour l'an quarante !
CERF-VOLANT
Herschell vient de découvrir
Des gens dans la lune...

des gens qui avaient des ailes de... Comment vous appelez les souris qui n'a pas de cheveux ?..

LA GAZETTE. Des chauves-souris...

CERF-VOLANT. Yes, des souris chauves... mais M. Herschell a promis qu'avec le télescope à lui on découvrira...

Suite de l'air.
Des lapins dans le soleil...
C'est pour l'an quarante !
VICTIMÉ.
Il est un' chose, au total,
Tout haut, je m'en vante,
Dont je me fiche pas mal...
C'est de l'an quarante !

LE POSTILLON, *au public.*
Messieurs, vous êtes venus,
Pour qu'on vous présente
Des travers et des abus
Un' revu' piquante...
Vous pouvez compter là-d'ssus...
C'est pour l'an quarante.
REPRISE DU CHOEUR.
Mes amis, galopons, etc.

FIN.

IMPRIMERIE DE Vᵉ DONDEY-DUPRÉ, RUE SAINT-LOUIS, N° 46, AU MARAIS.